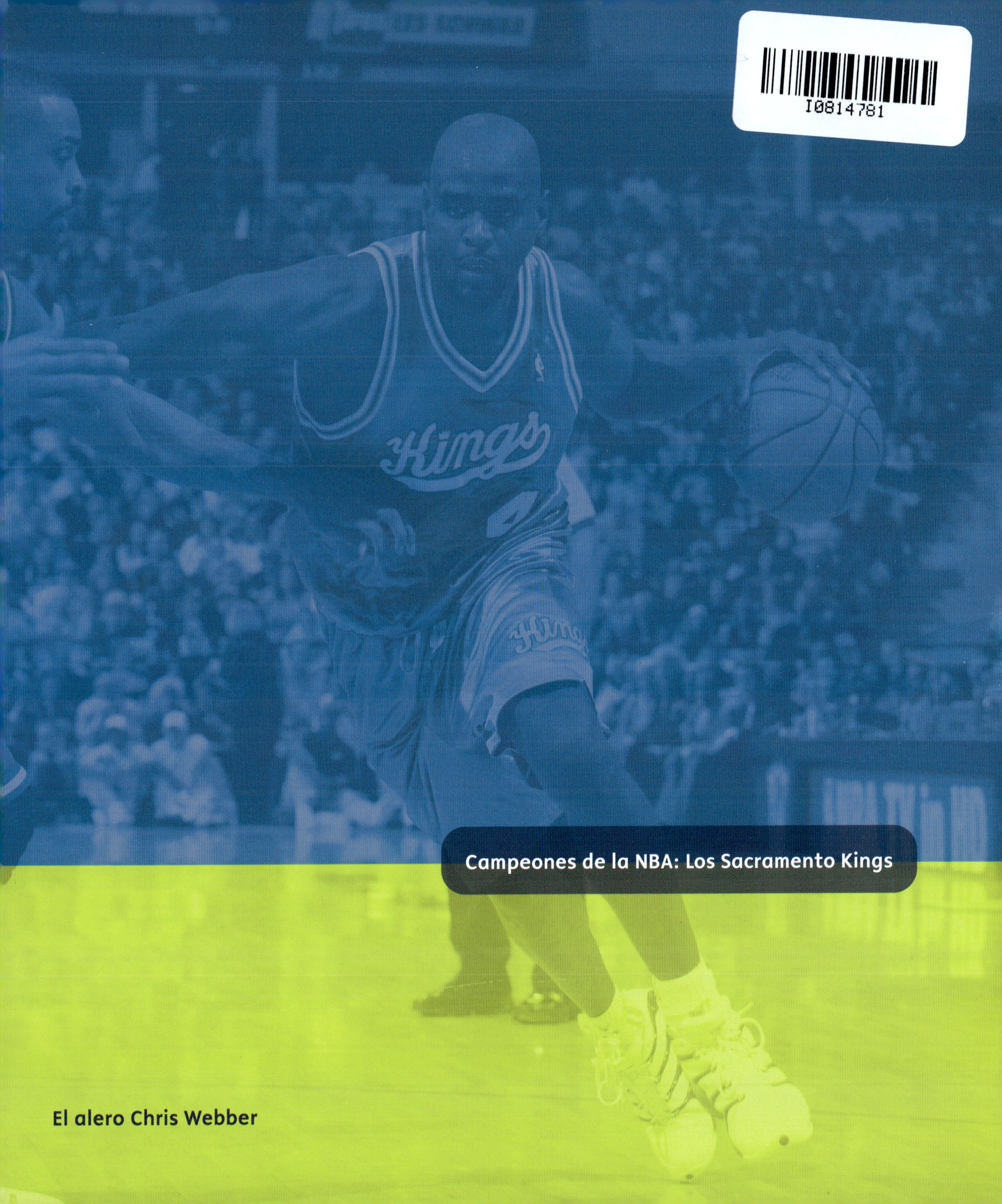

El alero Chris Webber

El escolta Mitch Richmond

CAMPEONES DE LA NBA

LOS SACRAMENTO KINGS

DENNY BULCAO, JR.

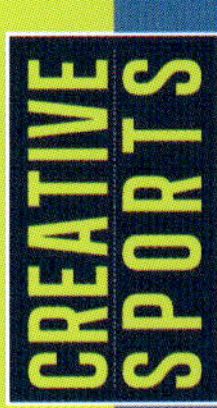

CREATIVE EDUCATION / CREATIVE PAPERBACKS

El base Oscar Robertson

Publicado por Creative Education y Creative Paperbacks
P.O. Box 227 Box 227, Mankato, Minnesota 56002
Creative Education y Creative Paperbacks son sellos editoriales de
The Creative Company
www.thecreativecompany.us

Dirección artística de Tom Morgan
Producción del libro por Graham Morgan
Editado por Grace Cain

Imágenes de Alamy Stock Photo/Xinhua, portada, ZUMA Press, 9, Getty Images/Bettmann, portada, 4, 12, 15, Ezra Shaw, 5, Layne Murdoch, 7, Mark Blinch, 10; NBA Photos, 6, NBA Photo Library, 19, Neil Leifer, 16, Rocky Widner, 1, 2, Steven Ryan, 24, Thearon W. Henderson, 20; Newscom/Xinhua/Song Qiong/ZUMAPRESS, 3

Library of Congress Cataloging-in-Publication Data
Names: Bulcao, Denny Jr., author.
Title: Los Sacramento Kings / by Denny Bulcao Jr.
Other titles: Sacramento Kings. Spanish
Description: Mankato, Minnesota : Creative Education and Creative Paperbacks, [2025] | Series: Creative sports: Campeones de la NBA | Includes index. | Audience: Ages 7-10 years | Audience: Grades 2-3 | Text in Spanish. | Summary: "Elementary-level text translated into North American Spanish and dynamic sports photos highlight the NBA championship win of the Sacramento Kings, plus sensational players associated with the professional basketball team such as De'Aaron Fox"-- Provided by publisher.
Identifiers: LCCN 2024023437 (print) | LCCN 2024023438 (ebook) | ISBN 9798889898269 (lib. bdg.) | ISBN 9781682778852 (paperback) | ISBN 9798889898467 (ebook)
Subjects: LCSH: Sacramento Kings (Basketball team)--History--Juvenile literature. | CYAC: Sacramento Kings (Basketball team)
Classification: LCC GV885.52.S24 B8518 2025 (print) | LCC GV885.52.S24 (ebook) | DDC 796.3236409794/54--dc23/eng/20240605

Impreso en China

El alero Domantas Sabonis

El base Red Holzman

ÍNDICE

Hogar de los Kings

Sacramento es la capital de California. Está situada en la parte norte del estado, donde confluyen los ríos Sacramento y American. La ciudad creció rápidamente cuando se descubrió oro en la zona en 1848. Sacramento tiene un **estadio** llamado Golden 1 Center. Es el hogar del equipo de baloncesto los Kings.

LOS SACRAMENTO KINGS
Golden1 Credit Union
CENTER
TER NE ENTRY

El alero Domantas Sabonis

os Kings forman parte de la Asociación Nacional de Baloncesto (NBA). Juegan contra otros equipos de la NBA. Intentan ganar las **Finales de la NBA**. Los **rivales** de los Kings son los Golden State Warriors, Los Angeles Lakers, Los Angeles Clippers y los Phoenix Suns. Todos ellos pertenecen a la División Pacífico de la Conferencia Oeste.

El base Larry Drew

Nombrando a los Kings

El equipo comenzó su andadura en Rochester (Nueva York) en 1945. Un adolescente ganó un concurso para bautizar al equipo con el nombre de los Rochester Royals. Cuando el equipo se trasladó a Kansas City, se encontraron con que la ciudad ya tenía un equipo de béisbol llamado los Royals. Un rey es un líder real, así que los "Kings" se convirtió en el nuevo nombre del equipo. Mantuvieron el nombre cuando se trasladaron a Sacramento.

Historia de los Kings

Los Rochester Royals alcanzaron sus primeras finales en 1951. El base Bob Davies anotó puntos clave. ¡Se proclamaron campeones de la NBA!

En 1957, los Royals se trasladaron a Cincinnati (Ohio). Unos años más tarde, Oscar Robertson se unió al equipo. Era un gran tirador, pasador y reboteador. Llevó a los Cincinnati Royals a las **eliminatorias** seis años seguidos.

El base Oscar Robertson

El base Nate Archibald

Los Royals se mudaron de nuevo en 1972. En Missouri, adoptaron el nombre de los Kings. Su estrella era el veloz base Nate Archibald. Su apodo era "Tiny", pero hacía grandes canastas.

Los Kings se trasladaron a Sacramento en 1985. Empezaron mal. En 1998 llegó el potente alero-centro Chris Webber. Ayudó a los Kings a ganar 61 partidos en 2001-2002. Los Kings casi alcanzan las Finales ese año.

Otras estrellas de los Kings

El **swingman** Jack Twyman y el ala pívot Maurice Stokes eran amigos de la infancia. Fueron estrellas juntos en Rochester y Cincinnati. Sam Lacey fue el máximo reboteador del equipo durante nueve temporadas. Vlade Divac fue un jugador clave durante seis años. El centro DeMarcus Cousins fue un gran anotador y taponador.

El swingman Jack Twyman

El base De'Aaron Fox

n 2017, los Kings hicieron un intercambio con varios jugadores. Cousins se fue, y el escolta de alta anotación Buddy Hield se unió al equipo. En un intercambio posterior, Hield se marchó y Domantas Sabonis se unió al equipo.

Sabonis y De'Aaron Fox son las estrellas actuales del equipo. El equipo llegó a las eliminatorias en la temporada 2022-23 por primera vez en 16 temporadas. Los aficionados esperan que ganen pronto un campeonato.

Acerca de los Kings

Primera temporada: 1945-46

Conferencia/división: Conferencia Oeste, División Pacífico

Colores del equipo: negro puro, morado real, gris, blanco y azul real

Estadio local: Golden 1 Center

CAMPEONATOS DE LA NBA:

1951, 4 partidos a 3 sobre los New York Knicks

PÁGINA WEB DEL EQUIPO:

https://www.nba.com/kings/

Glosario

eliminatorias—partidos que juegan los mejores equipos después de la temporada regular para ver quién será el campeón

estadio—un gran edificio con asientos para espectadores, donde se celebran partidos deportivos y eventos de entretenimiento

Finales de la NBA—una serie de partidos entre dos equipos al final de las eliminatorias; el primer equipo que gana cuatro partidos es el campeón

rival—equipo que juega más duro contra otro equipo

swingman—jugador de baloncesto que puede jugar de escolta o alero

El alero Harrison Barnes

Índice